AF543976
Hatsu Haru
2
Shizuki
Fujisawa
Wirbelwind
der Gefühle

Inhalt

Kai Ichinose

Ist der größte Playboy seiner Schule und Schwarm aller Mädels. Geht in die 1. Klasse der Highschool.** Zofft sich ständig mit Riko.

Riko Takanashi

Burschikoses Mädchen. Ist seit der Grundschule Kais Klassenkameradin, aber hat null Interesse an ihm. Ist unglücklich in Suwa-sensei verliebt.

Suwa-sensei*

Stellvertretender Klassenlehrer von Kai und Riko. Hat ein brüderliches Verhältnis zu Riko.

Was bisher geschah:

Kai, der größte Playboy seiner Schule und Schwarm aller Mädels, verbringt seine Tage damit, ein Mädchen nach dem anderen zu daten. Eines Tages erfährt er, dass seine freche und aufbrausende Klassenkameradin Riko Takanashi unglücklich in ihren Lehrer Suwa-sensei verliebt ist.

Als Kai Riko zum ersten Mal als Mädchen wahrnimmt, beginnt in ihm ein merkwürdiges Gefühl zu erwachen. Ist das etwa Liebe? Er ist völlig durch den Wind. Als er bemerkt, wie vertraut Riko und Suwa-sensei miteinander umgehen, fragt er sich, ob diese nicht heimlich ein Paar sein könnten.

Als es Riko in der Schule körperlich so schlecht geht, bringt Kai sie nach Hause. Dort erfährt er von ihrer unerwiderten Liebe für Suwa-sensei und sein Herz schlägt wie verrückt. Schließlich wird ihm bewusst, dass er sich in Riko verliebt hat.

Riko und Kai sind auf einem Schulausflug und betrachten zusammen den Sternenhimmel. Kai sagt Riko, sie solle die Augen schließen und versucht, sie zu küssen, doch dann ...

*Anrede für Künstler, Lehrer, Ärzte etc. **entspricht der 10. Klasse

Vielen Dank,
dass ihr Band ②
von *Hatsu * Haru*
gekauft habt!

In letzter Zeit liebe ich meine Decke so sehr, dass ich mich gar nicht mehr von ihr trennen will.

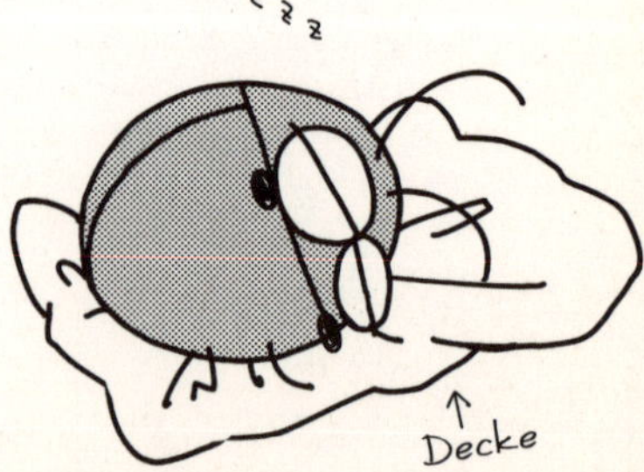

Kapitel 5

Takahashi war früher ...
... schon so ...
SCHLUCHZ
SCHLUCHZ

Hey!
ZUCK

Warum weinst du denn?

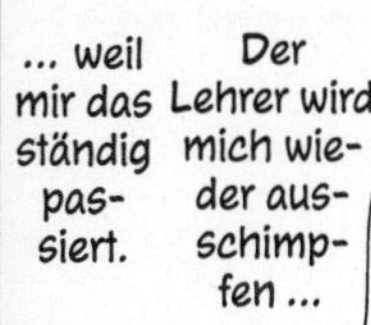

Ich hab meine Pinsel für den Kalligraphieunterricht vergessen.
Der Lehrer wird mich wieder ausschimpfen ...
... weil mir das ständig passiert.
...

Hier!
Wie? Du leihst mir deine?!
Ja.
Meine liegen eh nur rum.

Danke schön!

Bist du eigentlich doof?

Unsere Klasse ist als Nächs-tes dran.
Wie stellst du dir das vor?
Du nervst.
Lass mich in Ruhe!
Ist mir egal ...
... wenn ich ausge-schimpft werde.

Takanashi hat an diesem Tag ...
... stillschweigend ihr Strafdiktat für die vergessenen Pinsel abgeleistet.

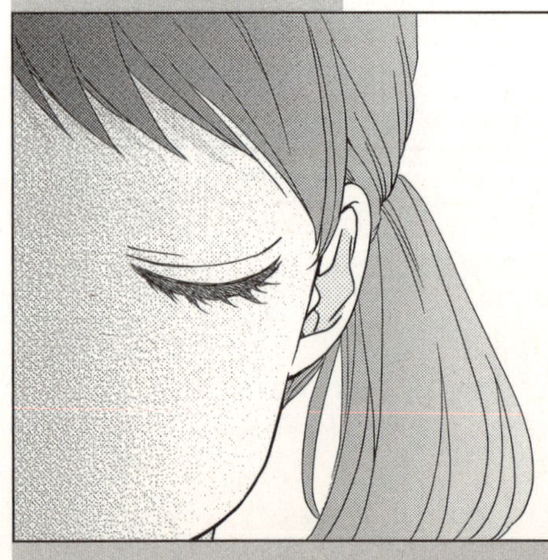
So war sie schon immer.

Immer waren ihr andere Menschen wichtiger als sie selbst.

»Wenn mir danach sein sollte, etwas kaputtzumachen, was mir so lieb und teuer ist, dann finde ich es besser, es für immer in mir einzuschließen.«

Darum denkt sie auch jetzt noch an Suwa ...

... obwohl das ihre einseitigen Gefühle für ihn nur noch weiter verkompliziert.

Aber ...

... damit
kann ich
mich nicht
abfinden.

...
Du sollst deine Augen zumachen.
Warum ...?

ZUCK

Du sture Kuh.

?!
KLONG
Du klei-ner …
KRRK KRRK KRRK KRRK
Waaaaaah!
…
Der nächtli-che Ster-nenhim-mel …
… mag ja ro-mantisch sein …

Aber darum kannst du dir bei 'ner Frau nicht gleich alles erlauben!! Du Aufreißer!
BRÜLL
Mo... Moment ...
Ich ...
Ich kenn dich!
Du....
Ah ... hm ...
RASCHEL
Aha! Wusste ich's doch!
Wieder ein Liebesgeständnis für dich.
PACK
Von den Mädchen, die dir ihre Liebe gestehen ...

... lässt du gefälligst deine Finger!!!

BADAMM

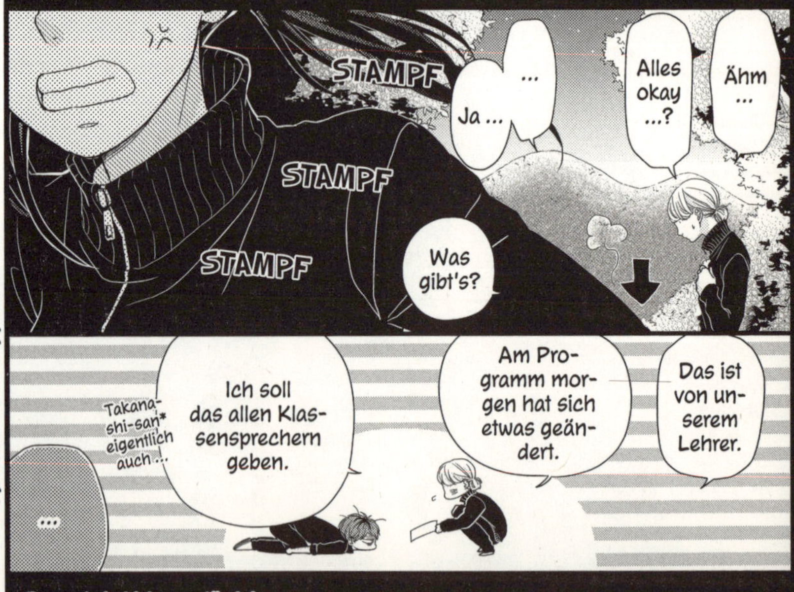

*höfliche, geschlechtsunabhängige Anrede

Hmm ...
Dabei wollten wir doch nur nachsehen, wo er abgeblieben ist.
Was für ein Anblick!
POCH POCH
...
Man spioniert anderen nicht nach.
Was soll das, Taka?
Damit brauchst du jetzt auch nicht mehr anzukommen!
Und überhaupt ...
... wenn dieses Mädchen ...
... in das sich angeblich Kais »Freund« verguckt hat ...
... Riko Takanashi ist?
Was machen wir dann?
...

Ist doch nichts dabei.
Echt jetzt?! Und was heißt das?
Tja ...
Ich musste ihm ja nur die Medizin bringen.
Schließlich hat er Takanashi-san letztens schon heimlich gesund gepflegt ...
... als sie hohes Fieber hatte.
Aber wenn er es so sehr geheimhalten will ...
... meint er es diesmal bestimmt ernst.
Darum sollten wir uns jetzt zurückhalten und unauffällig ...
Oh Mann, Kai ist echt nicht mehr zu retten!!

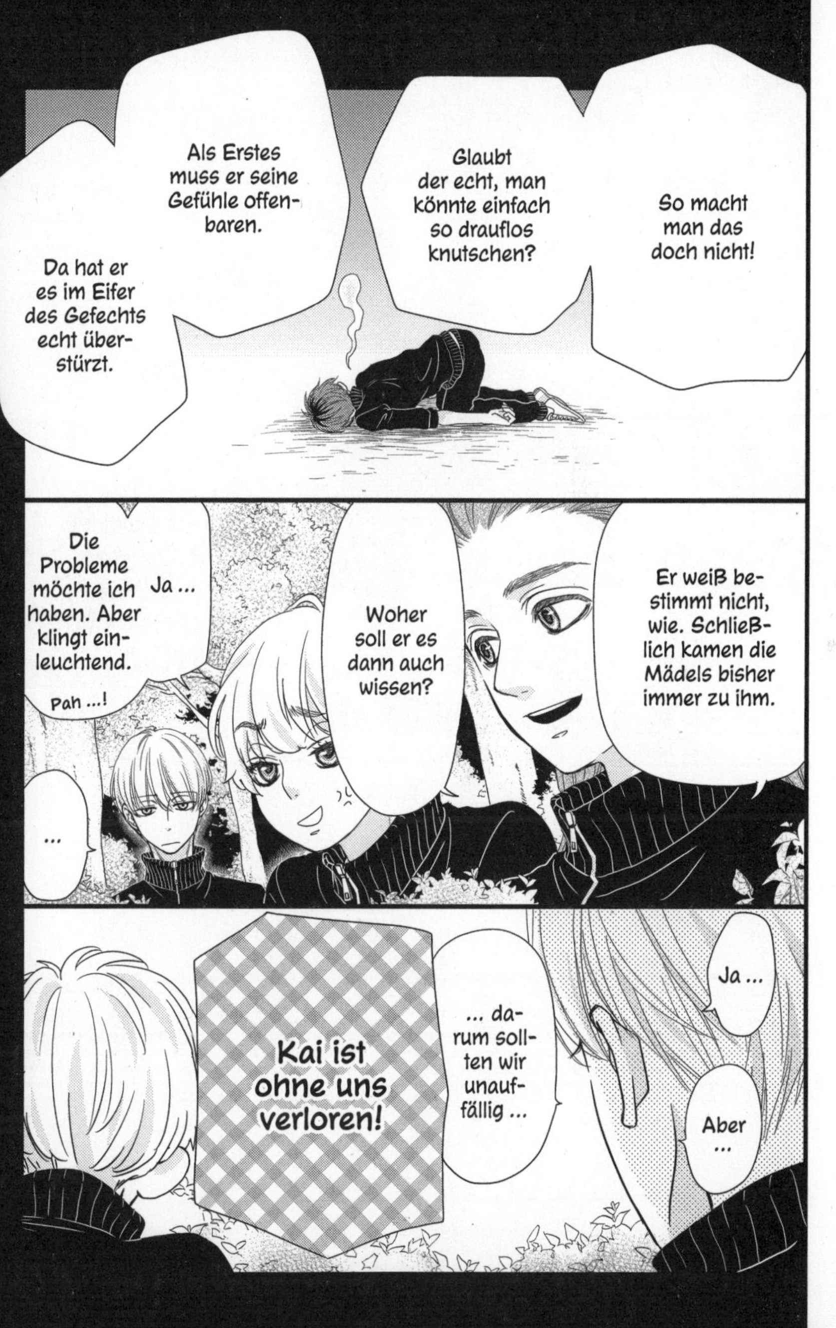
So macht man das doch nicht!
Glaubt der echt, man könnte einfach so drauflos knutschen?
Als Erstes muss er seine Gefühle offenbaren.
Da hat er es im Eifer des Gefechts echt überstürzt.
Er weiß bestimmt nicht, wie. Schließlich kamen die Mädels bisher immer zu ihm.
Woher soll er es dann auch wissen?
Ja ...
Die Probleme möchte ich haben. Aber klingt einleuchtend.
Pah ...!
...
Ja ...
Aber ...
... darum sollten wir unauffällig ...
Kai ist ohne uns verloren!

Da bleibt uns doch nichts anderes übrig ...
Geben wir alles, um Kais erste Liebe zum Blühen zu bringen!
... als unserem armen kleinen Freund hier unter die Arme zu greifen!!!
GRINS
GRINS
...
...
Hach ...
Hä? Was ist denn, Taka?
Der Seufzer war nicht zu überhören.
Schon gut.

Morgen!
Mor...
Warum?
Warum musste es nur so kommen?
»Aber darum kannst du dir bei 'ner Frau nicht gleich alles erlauben!!«
Wie doof kann man sein? Du verstehst das völlig falsch.
Ja, bisher war es so.
Solange ein süßes Mädel zu mir kam, war mir jede recht.
Doch jetzt ...

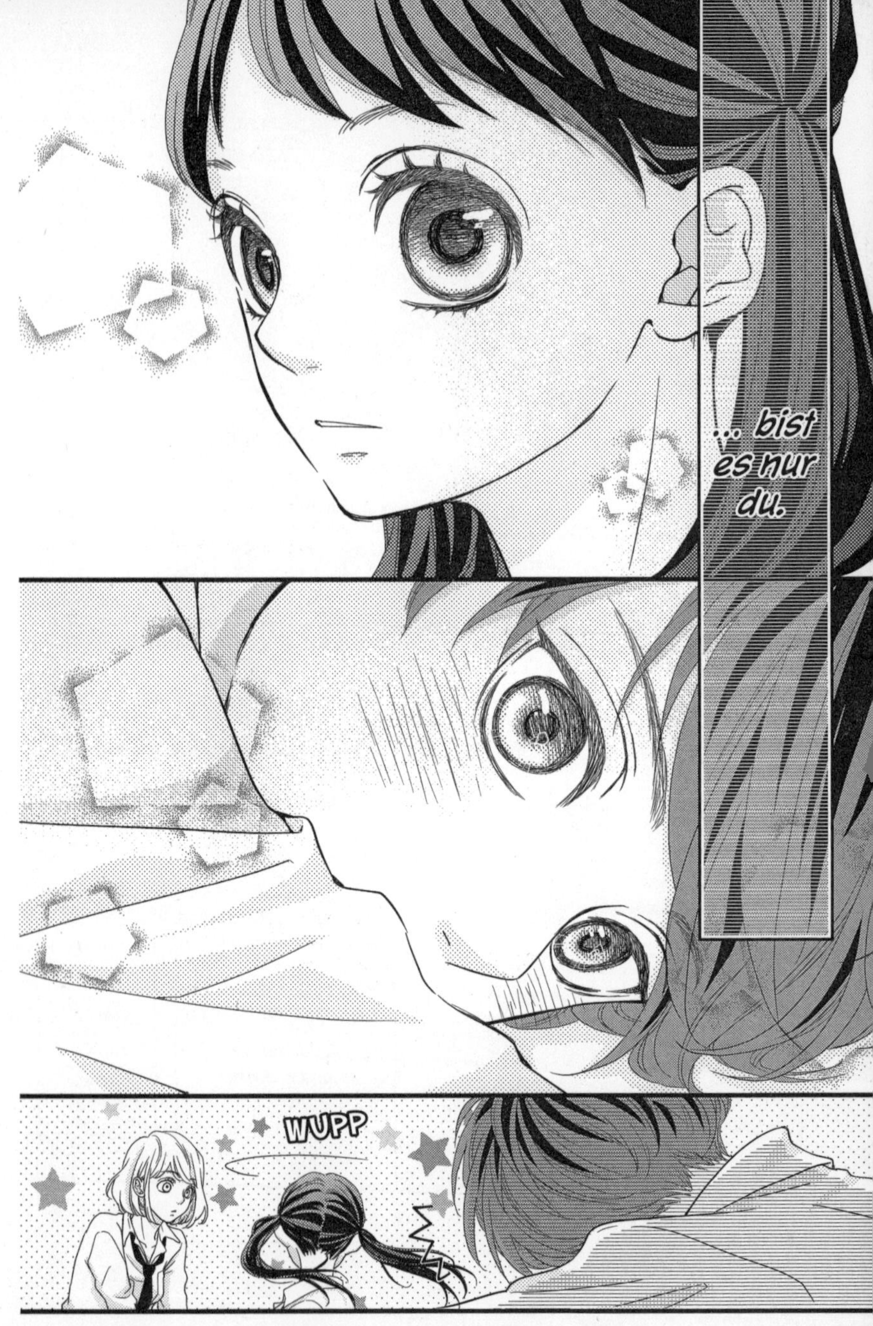
... bist
es nur
du.
WUPP

Ist was, Riko-chan*?
Überhaupt nichts.
...
*verniedlichende Anrede für gute Freunde und kleine Kinder
Verdammt! Verdammt!
Warum muss gerade mir das passieren?!!
Oshima-san!
Kyah!
To... To... Toramaru-kun*!!
Ahaha, hab ich dich erschreckt?
Sorry.
Nein, schon gut. Worum geht's?
*Anrede für Jungen und jüngere Männer

Hast du viel-
leicht ...
...nächs-
ten Sonn-
tag Zeit?
DANG
DONG
DING
Ri...
Ri... Ri ...
Ri... Riko-
chan!!!

Kiyo.
Warum bist du denn so aufgebracht?
Lass uns heimgehen.
Nein! Ich muss euch was sagen!!!
Toramaru-kun ...
... hat mich in einen Vergnügungspark eingeladen!!!
Hm?
Wa...?!
Du musst absagen, Kiyo!
Dieser Weiberheld und Möchtegernmönch!
Aber er ist doch voll nett und sieht auch gut aus ...
Und wieso »Möchtegernmönch«?
Was redest du denn da?!!
Lehn ab!!

Waaaas?! Aber ich habe schon zugesagt ...
Du Hohlbirne!!
Ich war halt so glücklich.
Mich hat bisher nie ein Junge eingeladen.
So groß, wie ich bin ...
1,72 m
... werde ich nie wie ein Mädchen behandelt.
UFF
Ich hab auch schon Eintrittskarten bekommen.
Es sind insgesamt vier. Er meinte, ich könnte noch drei Freundinnen mitbringen.
...
...
Bist du jetzt seine Komplizin, um Mädels ranzuschaffen?
Was denkt sich der Kerl?

Na gut, Kiyo.
Ich komme mit.
SCHNAPP
Riko-chan! ♡
...!
Jaja ... Dann muss ich wohl auch.
SCHNAPP
Ich kann doch nicht mit ansehen, wie sich meine liebe Freundin in Gefahr begibt.
Kagura-chan! ♡
Das wird sicher lustig!
Er bringt auch seine Freunde mit.

Es sind Torama-ru-kun.
Dann der niedliche Kiritani-kun.
Der coole und mysteriö-se Misaki-kun ...
... und ...
... die Nummer eins bei den Mädchen, Ichinose-kun!
Das sind die süßesten Jungs des ganzen ers-ten Jahr-gangs!!
Hach!
...
Aha. Ichinose kommt al-so auch.
Hm?
Ach, nichts.
Aber wir sind doch nur zu dritt.
Was ma-chen wir mit der vierten Karte?
Hm, stimmt.
Was machen wir jetzt?

SST
KNIPS
?!
Dürfte ich ...
... um Karte Nummer vier bitten?

Kai!
Gammel hier nicht rum!
Geh kacken und ab ins Bett mit dir!
Jaja.
Geht's dir nicht gut, Kai-kun?
Bist du krank?
...
Ja ...
Könnte man sagen.
In gewisser Weise schon.

So was ist mir noch nie passiert.

Kein Plan, was ich jetzt machen soll ...

Anderer-seits ...

... hatte ich ja auch noch nie jemanden, den ich richtig mochte.

Warum muss es gera-de sie sein?

Warum nur ...

Maaaaaann...!
KLONK
Mama!
Kai-kun ist krank!
Hä?
Ab in die Heia mit dir! Aber zack, zack!
PLING
LINE
Tora
Ich hab von einem Gemeindemitglied Freikarten fürs Wakuwaku-Land bekommen.
Morgen 10 Uhr Treffpunkt vor dem Eingang!
Mikki
Geht klar!
Taka
Okay.
Hä?!
Wir vier Männer im Wakuwaku-Land?
Ticken die noch richtig?

Taka
Okay.
Ich komme.
Für eine Weile sind Mädels ja ganz unterhaltsam ...
... aber richtig entspannen kann man mit denen nicht.
Aber ist vielleicht gar nicht mal schlecht so ...

Takanashi, die doofe Kuh!
Soll sie halt weiter an ihrem geliebten Suwa kleben!
Ist mir doch egal!

Kai!
Hier! Hier sind wir!
Oh!
Morgen!
Hätte nich gedacht, dass du mal freiwillig mitkommst, Taka.
Sonst meckerst du immer, dass dir das alles zu viel wird.
...
Dabei wollte ich, dass sie's langsam angehen lassen ...
Hä?
Ach, nichts.
Bei dir wundert's mich auch, Tora.
Dass du uns so ganz ohne Mädels zu so was einlädst.
Wer sagt denn, dass keine Mä-dels dabei sind?
Hä?
Toramaru-kun!

Vielen Dank für die Einladung!
Hey! Morgen!
?!

Moment mal!
Was wird das, wenn's fertig ist?
Das sieht man doch wohl!
Wir genießen unser Highschool-Leben in vollen Zügen! Und das klassenübergreifend!
Zumindest vordergründig.
Denn eigentlich unterstützen wir unseren ahnungslosen Freund bei seiner ersten Liebe.
So sieht's aus!!
...
Hach ...
Nanu?
Kagura? Was machst du hier?
Bist du eine Freundin von Oshima-san?
Ich bin ihr Bodyguard!!
Hmpf!
Solange ich lebe ...
... sorge ich dafür, dass du perverser Möchtegernmönch in die Schranken gewiesen wirst!
GROLL
GROLL
GROLL

Hm? Wie stehen die zwei zuein-ander?
Der Sohn eines lokalen Tempelvorstands und die Tochter eines Schrein-priesters.
Sie sind wie Hund und Katz.
Zumindest sie scheint Tora nicht ausstehen zu können.
Schon früher nicht.
Dumm gelaufen, ha ha!
Hätte nicht ge-dacht, dass du auch kommst, Kagura.
Na ja, auch egal.
Wenn ich mir vor-stelle, dass ihr beide fromme Menschen sein solltet, kann ich Kaguras Abneigung dir gegenüber nur all-zu gut verstehen.
Du hast die Karten doch eh umsonst gekriegt.
Hm?
Ein neues Gesicht.
Die anderen drei kenn ich ja, aber sie ...

Darf ich mich vorstellen?
Ayumi Shimura, Mitglied der Schülerzeitung und aus der Klasse 1-F!
Als ich hörte, dass sich hier die süßesten Jungs aus dem ersten Jahrgang versammeln ...
... konnte ich meinen Reporter-Spirit nicht mehr zügeln!!
Ich hab mich mal ganz frech angeschlossen!!
Ha ha ha! KICHER Ha ha!
Sorry fürs Belauschen.
Das ist gar kein Problem! Ich war nur überrascht.
Uns hat ohnehin eine Person gefehlt.
Danke dir! Auf dass wir gute Freundinnen werden!!
Ha ha ha!

Denkt einfach, ich wäre eure Fotografin und beachtet mich gar nicht.
Ich knips euch und ihr habt Spaß, okay?
Was redest du denn da?
Du bist extra hergekommen. Dann sollst du auch Spaß haben.
Außerdem hab ich auch keine Kamera dabei.
Riko-kun!!
FUNKEL
Du bist so cool!
Riko-chan!
Hach, Leute!
Den Artikel über die heißen Boys lass ich mir zwar nicht entgehen ...
... aber euch süße Mädels könnt ich auch glatt vernaschen!!!
Besonders Riko-kun!
Von deinen tapferen Heldentaten weiß ich schon seit Langem und hatte dich heimlich auf dem Schirm!!!
Darum war ich auch gleich zur Stelle!!
Klein, aber oho, was?!
Typisch Riko-chan!
...

Die geht ja ganz schön ran.
Hmmm ...
Da müssen wir mithalten!!
Nur wie?
Also dann.
PATT
Du weißt jetzt, was Sache ist, Kai.
Lass uns heute Spaß haben!
ZWINKER
Äh ...
Na ja, Spaß ...

Takanashi gibt sich ja größte Mühe, mich zu ignorieren.

WUPP
DADAMM
Genau so ...
Kommt, gehen wir rein.
TAPP TAPP
Ich soll Spaß ha-ben?!
Die Frau ist die Spaß-bremse in Person!!

Taro Toramaru
Playboy und Stammhalter des Familientempels
Takaya Misaki
Hat keine Lust auf nervige Situationen
Also wenn das nicht ...
... ein Date ist!
Miki Kiritani
Wird leider oft mit einem Mädchen verwechselt

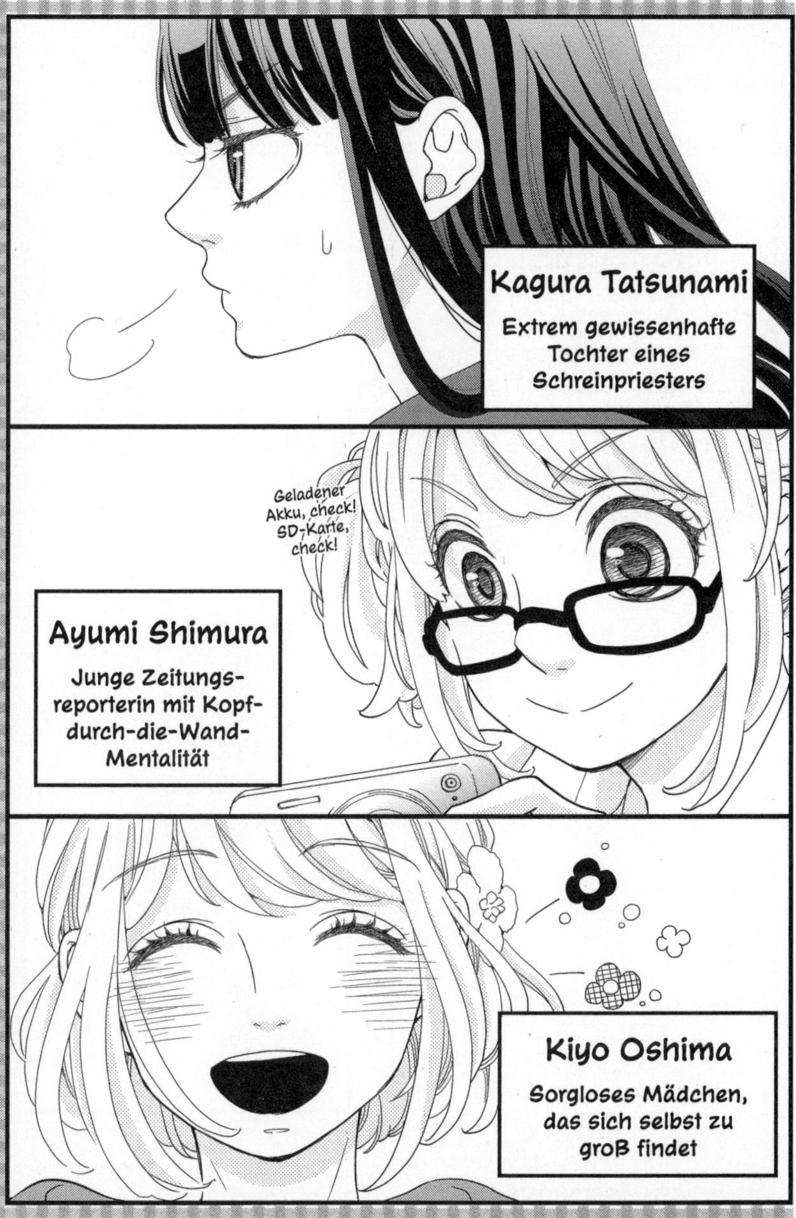
Kagura Tatsunami
Extrem gewissenhafte Tochter eines Schreinpriesters
Geladener Akku, check! SD-Karte, check!
Ayumi Shimura
Junge Zeitungsreporterin mit Kopf-durch-die-Wand-Mentalität
Kiyo Oshima
Sorgloses Mädchen, das sich selbst zu groß findet

Kai Ichinose
Die Nummer eins bei den Mädels. Hat sich zu seinem Leidwesen zum ersten Mal verliebt
Riko Takanashi
Klein und burschikos. Steigert sich in ihre unerwiderten Gefühle hinein

Mit dieser merk- würdigen Figuren- konstel- lation ...
... soll nun al- so das Date im Vergnü- gungs- park be- ginnen ...

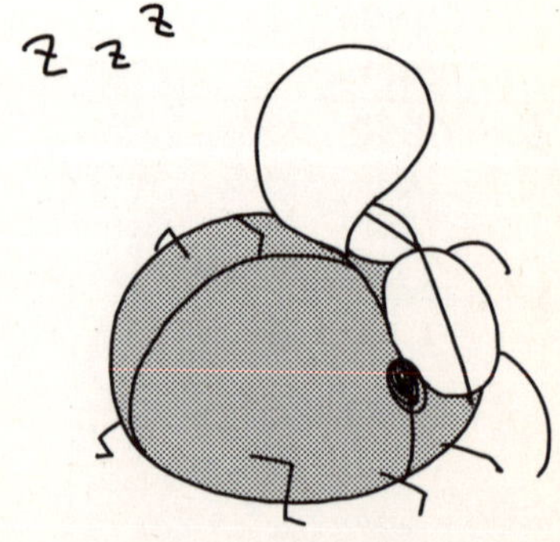
Z z z

Ein solches Glück, dass einem das Herz hüpft und man es gar nicht mehr aushalten kann.

Zumindest dachte ich immer, dass sich Liebe so anfühlt …

Kapitel 6

Ich habe ein supertolles Geschenk bekommen! Schaut schnell auf der nächsten Bonusseite nach!!

Wenn mich meine Erinnerung nicht täuscht ...
Merkwürdig.
... war so ein Tag mit Mädels im Vergnügungspark immer Spaß pur.
Was fahren wir als Erstes?
KNIPS
KNIPS
KNIPS

Und garantiert nicht so eine Tortur wie jetzt gerade!
DODOMM
DODOMM
POCH
POCH
Weil ich ihr während des Ausflugs unbewusst etwas zu nahe gekommen bin ...
... ist sie gleich mega ausgerastet.
BADAMM
STAMPF

Seitdem ignoriert sie mich nur noch.
Mit ihr zusammen hier zu sein, ist die reinste Folter.
Mann ey, ich will einfach nur nach Hause ...!!
Wie soll denn so Spaß aufkommen ...
ZUCK
!

Hä?
Was zuckst du so zusammen?
Äh?!
Bi... Bin ich doch gar nicht!!
Ich weiß gar nicht, wovon du redest!!
DODOMM
Das neulich hab ich längst vergessen.
Wir sind hier, um Spaß zu haben und nicht, um schlechte Stimmung zu verbreiten.
Also Schwamm drüber. War ja schließlich nicht mehr als wenn ein Hund versucht hätte, mich abzuschlecken.

Na los!
Schnell hin!
Warte auf mich!
Ein …
Riko-chan! Sitzt du bei der Achterbahn neben mir?
Jaja.
KNIPS
Ein Hund?
Geht's noch …?!
Ich?!

Und was soll das jetzt heißen?
KYAAAAAH
Dass mich Takanashi nicht als Mann sieht?
Ja nicht mal als Mensch?!
Alles in Ordnung?
...
Ich hatte solche Angst!
Alles okay?
Ugh ...
Ha ha ha!
Hey!
Dreh nicht so stark!
KYAH
Diese doofe Kuh ...!
GROLL
GROLL
GROLL
GROLL
GROLL

Na warte!
Du wirst schon noch sehen, wie männlich ich sein kann!!!
Hm ...
Irgendwie bilden sich seltsame Grüppchen.
So sollte das eigentlich nicht sein.
Hm?
War ja abzusehen.

Die Mädels verstehen sich viel zu gut.
Und ...
... ihr Bodyguard lässt nichts und niemanden an sie ran.
Was fahren wir als Nächstes, Riko-chan?
KNIPS
KNIPS
Finger weg von meiner unschuldigen Freundin!
Echt jetzt, ha ha?
Hab ich gleich Kagura an der Backe?
Daran bist du selbst schuld.
Nur mal so ...
Unser heutiges Ziel lautet, Kai und Takanashi zusammenzubringen!
...
Aber Taka sieht so aus, als würde er da heute keinen Sinn mehr drin sehen.
BRABBEL
BRABBEL
Hmm ... Also persönlich würde ich ja lieber mit Shimura-san gehen ...
Sie hat eine echt gute Figur.
... aber manchmal muss ein Mann eben Verantwortung übernehmen.
Geisterhaus
Eingang

Hä?
Ah ... ...
SMILE SMILE
Bei einem Geister-haus ...
... lautet die unge-schriebene Regel: Gehe immer mit einem Mädel zusammen rein!
Ähm, heißt das ...
Also gut.
Dann will ich mal.
Geisterhaus
Gehen wir, Ka-gura.
Was?!
Ich?!
Hey!
POCH
Äh, okay, gehen wir, Oshima!!
Äh?!
O... Okay!

Willst du mich …
… begleiten?
Huch?
Wirklich?
Was für eine Ehre, von so einem gutaussehenden Jungen ausgewählt zu werden.
Dann wollen wir mal!
…

Wohl oder übel ...
... sind wir jetzt ein Paar.
Ja ...
POCH
Stimmt ...
Was trödelst du so?
Komm jetzt!
O...
Okay!
ヒュー HUHUUUUUU
GLIBB ドロ
GLIBB ドロ
GLIBB ドロ
GLIBB ドロ

Hier gibt's ja alles. Voll interessant.
Ja ...
Hm, wie eine perfekte Symbiose aus Buddhismus und Shintoismus. Oder eher Ost und West?
St... Stimmt ...
Die von Haus aus Spirituellen
Nanu? Du hast doch nicht etwa Angst, Kagura?
Na...
Natürlich nicht! Wo denkst du hin?!!
Schl... Schl... Schließlich entstamme ich einer altehrwürdigen Familie, die seit Generationen einem angesehenen Schrein vorsteht!
S... S... Solche offensichtlichen Fake-Geister machen mir doch keine Angst!!!
So ein perverser Möchtegernmönch aus 'nem 08/15-Tempel checkt das natürlich nicht!
Du bist echt immer noch die Alte.

Du hast damals schon ständig geblufft.
Komm.
Wa...
Wa... Wa... Was erlaubst du dir?!
PATSCH
Ich werd noch schwanger!!!

Hä? Ha ha ha!
Also es ehrt mich ja, dass ich bei dir nicht gleich in der Friendzone bin, aber ...
Du hast echt 'nen speziellen Humor.
...
Äh ... Das war doch ein Witz, oder?
Du glaubst doch nicht im Ernst, dass man vom Händchen-halten schwanger wird?
Natürlich nicht!
Aber von so einem Playboy wie dir betatscht zu werden, ist mir schon schmutzig genug!!
Ah, okay, dann bin ich ja be-ruhigt.
Keine Sorge.
Ich hab an dir nicht das geringste Interesse, Kagura.

Komm, gehen wir.
...
PATSCH
STAMPF
STAMPF
Hey, Kagura!
Ich brauch deine Hilfe nicht.
Ich komme auch sehr gut allein zurecht!
WOMM
Iiiih!
Oje ...

ヒュ
HUHUUUUUU
GLIBB
ドドド...
GLIBB
GLIBB
Ganz schön bedrückende Atmosphäre ...
ZUCK
ZUCK
DODOMM
DODOMM
Ja... Schon ...
Die unschuldigen Seelen
...
...
Ich darf mich nicht mitreißen lassen ...
Jetzt, da ich mit einem Mädchen durch ein finsteres Geisterhaus laufe. Werd bloß nicht nervös, Miki!
DODOMM
DODOMM
Kiritani-kun ...
Warum er mich wohl ausgewählt hat?
POCH
POCH
Er ... Er wird doch nicht ...

Ehrlich gesagt, wär mir ein etwas kleineres Mädchen lieber gewesen.
Oshima ist schon riesig ...
Ich will gar nicht neben ihr stehen ...
Was mach ich nur, wenn ich recht habe?
Dann ...
Ich hätte mir jemanden gewünscht, der größer ist als ich.
WOMM
DRÜCK
Kyaaaah!!
Kyaaaaaaah!!
Uwaaah! Uwaaah!
G... Ganz ruhig ...
SST
DOMM
DOMM
Iieks ...
Uhuhu ...

Ich hab solche Angst.
E... Es ist alles gut!
Die sind nicht echt!
A... Aber ...
Hier ... Nimm meine Hand!
Dann hast du keine Angst mehr, oder?

Okay ...

...

Oshima ist ja doch ganz niedlich ...

POCH

POCH

Kiritani-kun ist vielleicht nicht der Größte, aber total mutig ...

ヒュー
HUHUUUUUU
ドロドロ
GLIBB
GLIBB
Oha! Ich dachte, das wäre ein rein japanisches Geisterhaus, aber hier drin sind auch Dracula und Co.!
In gewisser Weise ist dieser Mix wieder typisch japanisch.
Sind das Wachsfiguren? Die sehen voll realistisch aus!
Ob die Schauspieler der Geister jeden Tag die gleiche Rolle haben?
Oder wechseln die sich ab?
Tja ...
Die Realisten
Macht dir so was nichts aus, Misaki-kun?
Nee, nicht wirklich.
Ich hab keine Angst oder so.
Aha, Horror lässt dich also kalt.
Gut.
...
Kommen wir zu Filmen. Welche Genres magst du so?
Action? Comedy?
KRITZEL
KRITZEL
Was ist dein Lieblingsgericht?
...
Hast du Hobbys oder so?

Was soll das werden?
Was das werden soll?
Na, ein Interview natürlich!
Wann bekommt man schon mal die Gelegenheit dem mysteriösesten Jungen der Schule auf den Zahn zu fühlen?!
KLACK
Als Reporterin darf ich mir diese Chance nicht entgehen lassen!!
...
Was soll das jetzt?
Und? Wie lauten deine Antworten?
Was weiß ich ...
Aha, sehr interessant!
Bist du mit Ichinose-kun und den anderen schon lange befreundet?
Mit Kai schon.
Seit wann?
Der Grundschule.
Verstehe!

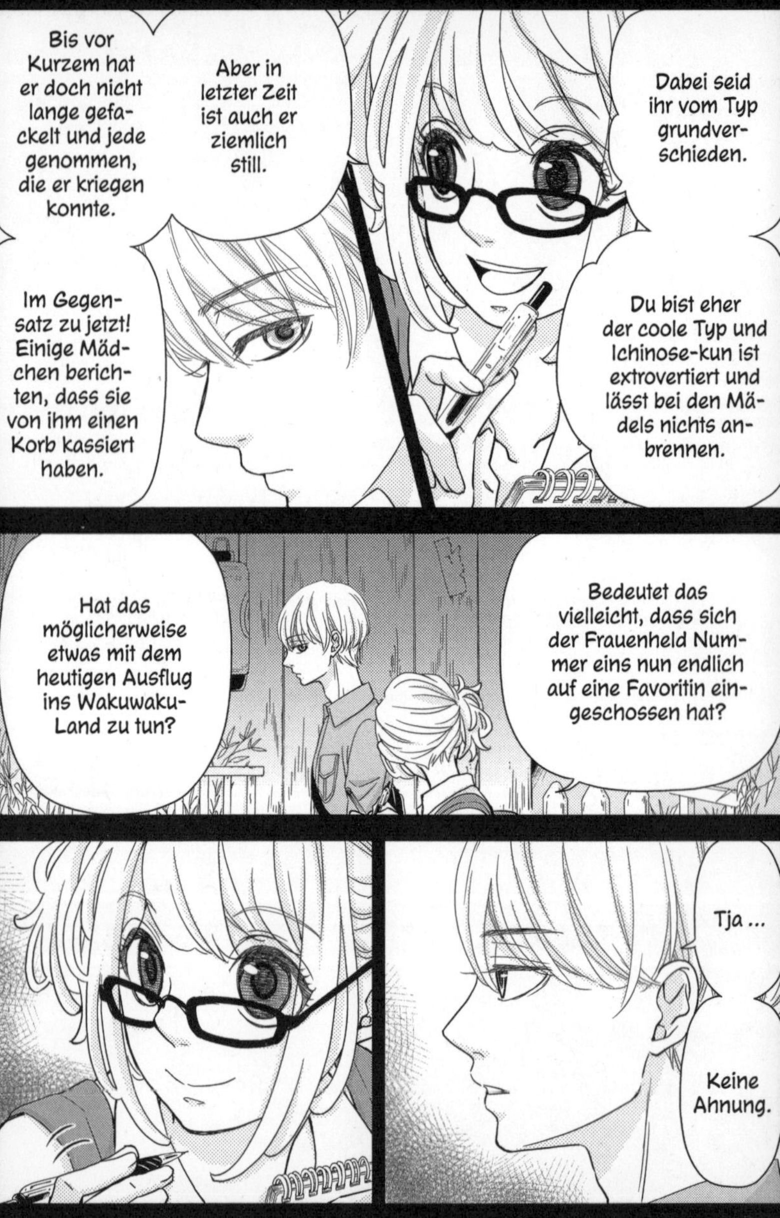
Dabei seid ihr vom Typ grundverschieden.
Du bist eher der coole Typ und Ichinose-kun ist extrovertiert und lässt bei den Mädels nichts anbrennen.
Aber in letzter Zeit ist auch er ziemlich still.
Bis vor Kurzem hat er doch nicht lange gefackelt und jede genommen, die er kriegen konnte.
Im Gegensatz zu jetzt! Einige Mädchen berichten, dass sie von ihm einen Korb kassiert haben.
Bedeutet das vielleicht, dass sich der Frauenheld Nummer eins nun endlich auf eine Favoritin eingeschossen hat?
Hat das möglicherweise etwas mit dem heutigen Ausflug ins Wakuwaku-Land zu tun?
Tja …
Keine Ahnung.

Aha ...!
PAMM
Vielleicht sollte ich in diese Richtung weiterrecherchieren!
Schon beeindruckend ...
... wie euer Traumgespann süßer Jungs schon so lange zusammen ist!!
Bei Ichinose-kuns auffälligem Playboy-Verhalten wirst du bestimmt oft übersehen.
Aber du hast selbst sicher auch viele Mädchengeschichten auf Lager, was?
Deine Fans sind eher schüchterne und unscheinbare Mädels, schätze ich. Verglichen mit Ichinose-kun.
Aber die meisten meinen es ernst und sind dir mit Haut und Haaren verfallen. Auch wenn sie zurückhaltend sind.
Möglicherweise bist du sogar ein noch größerer Frauenheld als Ichinose-kun.
Darum sind Mysterien ja auch so spannend.

Egal wie sehr ich in deiner Vergangenheit wühle ...
... ich stoße auf keine einzige pikante Geschichte.
Ob du wohl auch ...
... eine geheime Favoritin hast?

Kyaaaan!
Kyaaan!
!!
Hab ich mich erschreckt!
Gibt's hier echt jemanden, der vor so was Angst hat?
Kyah! Kyah!
...
Du kannst deinen Stift wegpacken.
Sind wir fertig?
Stimmt.
Das Interview ist vorbei.
Lass uns das Geisterhaus anständig genießen.
WAPP
Hey! Gute Arbeit!
...

HUHUUUUU

GLIBB

GLIBB

GLIBB

Krasse Einfälle hatten die.

Yo ...

Die Klassen-sprecher

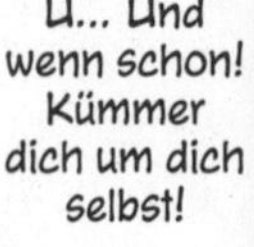

WOMM

Gyah!

WAPP

SST

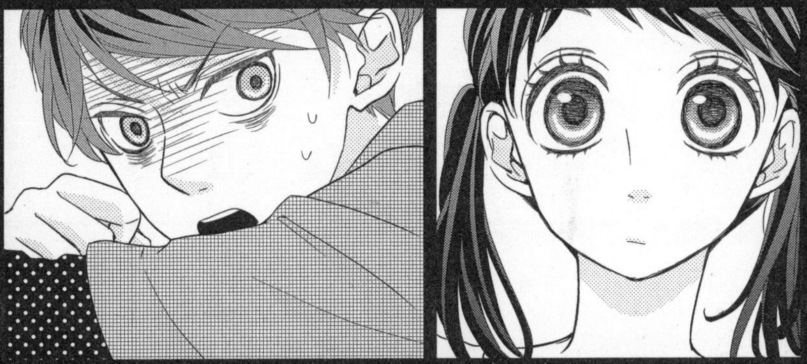

Wenn hier jemand Angst hat, dann doch wohl du!
Was soll die teil-nahmslose Visage?!
...
Wie kann der hier nicht die Düse ge-hen?!
Ist die über-haupt 'ne Frau?!
Nö, ei-gentlich nicht.
...
Es gibt nichts, wo-vor du Schiss haben müss-test.
Hallo?! Ich hab keinen Schiss!
WAPP
Hilfeeee?!!
HAH
...

BATSCH
GROLL
GROLL
Scheiße ...
Hmmm ...
Die killt mich ...!!!
WAPP
WAPP
BRODEL
BRODEL
BRODEL
BADAMM
SCHWUPP
?!
Sie verbindet mir die Augen?
Soll das eine neue Strafe sein?!!
WAAAAAAAAH
Jetzt komm.

Wenn du nichts siehst, gibt es auch nichts, was dir Angst machen kann.
Lass uns gehen.
Alles wird gut!
Ich bringe dich sicher bis zum Ausgang!
Takanashi ...!

Die klaut mir meine Rolle, verdammt ...!!!
STICH
Jepp!
Ich muss hier mal durch!
Geht's dir jetzt bes-ser?
Ja ...

Hätte ich echt nicht gedacht ...
Klappe ...
He he ...
... dass du Schiss vor Geistern hast.
Das Trauma hab ich schon seit Kindertagen.
Jetzt, wo du's sagst. Bei den Mutproben in der Grundschule ...
... hast du auch nie mitgemacht.
Daran lag das also.
...
Ich hab eine wesentlich ältere Schwester.
Die sollte mir Gutenachtgeschichten vorlesen, als ich klein war.
Doch irgendwie wurden dann jedes Mal Gruselgeschichten daraus.
... zum Friedhof aufstießen ...
Und als sie das rostige Tor ...
Seitdem bin ich verkorkst.
Kais Erinnerungen an sein vierjähriges Ich
Große Schwestern sind nun mal dazu da, um ihren kleinen Brüdern Traumata zu verschaffen.

Aha ha ha ha!
Deine Schwester ist echt lustig!
Klappe!
Das ist nicht zum Lachen!
Dieses Trauma habe ich mein Leben lang!
Sorry!
Aber so eine kleine Schwäche ist doch echt niedlich.
Ein Mann will aber nicht niedlich sein.
Jaja.
Schon klar.
Wo sind die anderen überhaupt?
...

Taka-nashi.
Hm?
Such ruhig nach den an-deren.
Dir ist bei mir doch bestimmt langwei-lig.
Wenn du schon wieder so viel Quatsch reden kannst ...
... kann es dir ja nicht mehr so schlecht gehen.
ZONK
Ich hol uns was zu trinken.
Was willst du?

*Isotonisches Getränk

Was mach ich hier eigent-lich?

Ich wollte ihr meine mutige, männliche Seite zeigen.
Stattdessen geb ich hier ein jämmerliches Bild ab.
Und es ist Takanashi, die total gelassen ist und sich um mich kümmert.
Ich könnte mich glatt noch mal in sie verlieben.

Ver-
dammt.

War ich
immer schon
so uncool?

Warum
verhalte ich
mich vor ihr
immer so?

Warum?

Sie liebt doch jemand anderen.
Wa...
Suwa?!
Halluzi-nier ich jetzt schon, oder was?!

REIB
REIB
Nein! Das ist er wirklich!
Er ist hier im Park!!
Suwa!!
Aber ...

Wer ist
das an
seiner
Seite?!

Kapitel 7

Hatsu Haru
Wirbelwind der Gefühle

Die wollten sich wohl schon mal was anschauen.
Wir treffen sie gleich wieder.
Ah, okay.
Hier, dein Eistee.
Kai ...
Ob er das mit dem Geisterhaus verkraftet hat?
Ist ja sonst gar nicht seins ...
KNIPS
?!
Ah, sorry ...
Du hattest gerade so einen Schmachtblick drauf.
Konnte nicht anders.
Muss das Reporterblut in mir sein.
...
Mo... Mo... Mo...
Moment mal!

Was macht Suwa denn hier?
Und wer ist das da neben ihm?!
Hast du nicht neulich ...
»Also auf mich fliegen die Frauen ja nicht so.«
Ja, so was in der Art hast du gesagt!!!
Du Lügner!
Oder seid ihr am Ende Geschwister?!
Das seid ihr doch, oder?!

Nein! Wohl kaum!!
Kein Mensch würde mit seiner großen Schwester ...
... ins Wakuwaku-Land gehen!
Ichi-nose?
Was ist denn los?
Ich dachte, dir geht's wieder gut.
!!!
?
Hier, dein Getränk.
...!

SCHNAPP
Hey!
Was soll das denn auf ein-mal?!
Egal jetzt. Komm ein-fach!
...
Was ist los?
Ach, nichts ...
Die Stimme eben kam mir so bekannt vor.
Puh ...
...
Aua!
KLONG

Was soll das?
Das sollte ich dich fragen!
Was ist denn in dich gefahren?
Geht's dir wirklich gut?
Hier, dein Pocari!
Ja ...
Na ja ...
ZISCH
Ob Takanashi weiß ...
... dass Suwa ...
... eine andere hat?
Irgendwas stimmt doch nicht mit dir.

Nein!!!
Woher sollte sie?!
Außerdem würde sie dann nicht mehr so verzweifelt an ihm hängen.
Aber …
Waaaah !!!
Hey!
Lass uns hier nicht rumgammeln!
Ich will was fahren!!
Wär doch schade um die Tickets!
Warum flüsterst du …?
Oh Mann …

Was mach ich hier eigentlich?
Was willst du denn fahren?
Äh, das da!
Das da drüben!
Warum versuche ich hier verzweifelt, sie von Suwa abzuschirmen?
Sollte ich nicht eher das Gegenteil machen?
Denn dann ...
... würde sie von ihm ablassen.
Das wäre ...

Ja!! Warum verheimliche ich ihr was?
Damit schade ich mir doch nur selbst.

Indem ich ihr die Realität entgegenhalte ...
... mache ich ihr klar, dass ihre einseitige Liebe ganz und gar hoffnungslos ist!!!

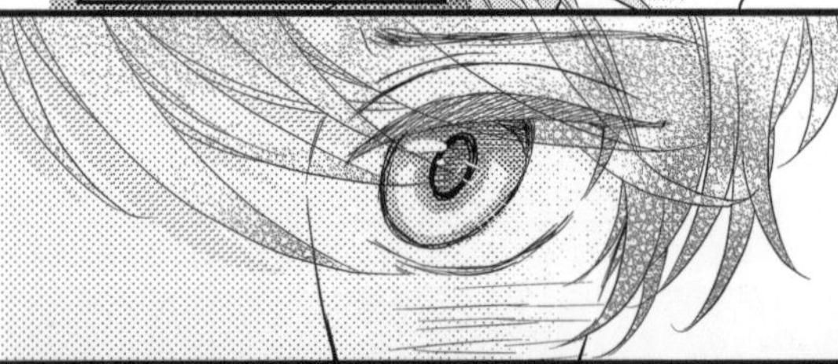
Aber ...

... dann wird Ta-kanashi ganz be-stimmt ...

WAMM
Mist!

War das knapp!
POCH
POCH
Ent-scheidet euch mal, wo ihr hin-wollt, ey!
POCH
POCH
Hah!
Oh Mann ...
Wie soll man sich denn da noch ver-nünftig ver-stecken?
Hm?
BRODEL
BRODEL
BRODEL
BRODEL
Groah!
PAMM
Du Mistkerl!

Ich hab mir vorhin schon gedacht, dass mit dir was nicht stimmt!
Du nimmst echt alles, was nicht bei drei auf den Bäumen ist!!!
Hä?!
Wovon redest du?
Was fällt dir ein, mich so plötzlich an die Wand zu drängen?!
Wenn du hier den großen Macker spielen willst, such dir gefälligst ein süßeres Mädchen!!!
Hä?!
Was fantasierst du dir hier für Sachen zusammen?!
Und ich find dich ja grade süß, du Giftzwerg! Das ist mein Problem!

Dir ist wohl jede Frau recht, du sturer Poser!!
Was war das?!
Mir ist jede recht!
Aber was soll ich denn machen, wenn ich nur bei dir so reagiere, du doofe Kuh!!
Glaubst du, auf dein Machogehabe fährt jede ab, oder was?!
Du liest zu viele Shojo-Manga!!!
Tu ich nicht!!!
Ich bin ein Mann!!
Wie mich diese Tussi aufregt!!!
Nanu?

Riko?
Er-
wischt!!!
Hä?
Heißt
das ...

Sie kennen sich ...?
Akemi ...
Du bist es ja wirklich!
Sag bloß, du hast auch ein Date, Schwesterherz?
»Schwesterherz«?!
Das ist ihre Schwester?!
Nein.
Ich bin mit meinen Freundinnen hier.
Er da ist einer meiner Schüler.
Was habt ihr denn da an der Wand gemacht?
BLICK
Sieht voll gut aus.
Nice!
Du verstehst das falsch!!

Gehen wir, Satoshi.
Die jungen Leute wollen ein bisschen Privatsphäre.
Ah, okay.
Bis dann, Riko-chan, Ichinose-kun.
Hey!
Das ist ein Missverständnis!!
Ah!
Ach ja, Riko.
Satoshis Onkel hat Pferdemakrelen gefangen.
Ich hab dir eine Mail geschrieben!
Wenn du willst, komm doch vorbei.
Wir machen Sashimi.
Aber ...
... ich weiß noch nicht, wann wir hier weggehen.

Nicht, dass es dann schon dunkel ist. Das ist gefährlich.
Ich komm schon klar.
Bin schlieBlich kein Kind mehr.
ぽんぽん
PATT
PATT
Doch, das bist du.

Also dann, Ichinose-kun. Wir sehen uns in der Schule.
Riko-chan ...
Bis später!
Ja ...

Okay, was fahren wir als Nächstes?
Mir ist ganz schön schwindelig ...
Hey!!!
Machst du das mit Absicht?! Wann treffen wir denn die anderen wieder?!
KRAH
KRAH
Es ist schon Abend!!
Ist doch egal.
So hat jeder auf seine Weise Spaß.
Also ich hab nicht den Hauch von Spaß!!!
Mit dir bin ich gestraft!!
Aah!
Wenn ich mir vorstelle, dass meine liebe Freundin vielleicht den Reißzähnen eines ausgehungerten Wolfs ausgesetzt ist, während ich hier Achterbahn fahre ...
... dann fühlt sich das an wie tausend Stiche ins Herz!!
AAAAAA

Keine Sorge. Alles wird gut!
Sie fahren gerade ganz brav Achterbahn.
Los!
Komm mit.
Nichts wird gut!!!
Auf so engem Raum mit dieser Bestie! Das ist megagefährlich!!!
Kiyo! Shimura-san! Rikooooo!!

Dieses peinliche Schweigen ...
So was liegt mir überhaupt nicht.
Ich ...
Ich dachte irgendwie immer, du wärst ...
... Einzelkind.
Hä?
Das vorhin ... war doch deine Schwester, oder?
Ach so!
Nein!
Das war Suwa-senseis Freundin.
Ja, aber ...
Sie ist so was wie meine Schwester.

Die beiden ...
... sind schon seit ihrer Schulzeit ein Paar.
Und weil ich oft allein zu Hause war, während meine Mutter arbeitete ...
... haben sie sich regelmäßig um mich gekümmert. Das machen sie auch heute noch.
Sie laden mich zum Essen ein, so wie vorhin ...
... oder nehmen mich sogar zu ihren Dates mit.

Darum sind die beiden ...
... so was wie mein Bruder und meine Schwester.

Die lächelt noch, obwohl's bei der Situation doch wirklich absolut nichts zu lachen gibt.

Wenn sie wenigstens etwas traurig wäre, könnte ich sie zumindest trösten.

»Wenn mir danach sein sollte, etwas kaputtzumachen, was mir so lieb und teuer ist ...

... dann finde ich es besser, es für immer in mir einzuschließen.«

Damit hat sie die beiden gemeint.
Ihre Gefühle für Suwa würden die Beziehung der beiden kaputtmachen.
Die zwei sind ihr wichtiger als ihre eigenen Gefühle.

Wie doof kann man sein?
Aber …
Ichinose.
Hä?
Du hast Satoshi und Akemi bemerkt, oder?
Du hast mich vor ihnen abgeschirmt, weil du dachtest, ihr Anblick würde mir einen Schock versetzen.
Darum hast du dich wie ein Idiot aufgeführt, oder?
Ugh …
Du Trottel. Natürlich wusste ich, dass sie zusammen sind.
Wer ist hier ein Trottel?!!
Das nimmst du zurück!
Ichinose …

Danke ...

Weil sie ihre eigenen Gefühle opfert ...
... um dem den Vorzug zu geben, was ihr lieb und teuer ist ...
... habe ich Takanashi immer für eine Idiotin gehalten.
Hmm ...

Aber ...
... ich
bin genau
wie sie.
Dabei
hätte ich
mir sogar
gewünscht,
dass sie
die beiden
sieht ...
... um
Suwa
endlich
aufzuge-
ben.

Doch ich konnte es nicht, weil ich Takana-shi nicht verletzen wollte.

Ob jemanden zu lieben, bedeutet ...
... dass man diesen Menschen um jeden Preis beschützen will? Und das auch, wenn man dabei selbst zurückstecken muss?

Ah!
Da sind sie ja!
Hey!
Rikooo!!!
Alles okay bei dir?!
Hat Ichi-nose-kun auch keine komischen Sachen mit dir ge-macht?
Hey!
Alles okay.
Mach dir doch nicht immer so viel Sor-gen.

Was redest du denn da?
Wir konnten vor Sorge keinen klaren Gedanken mehr fassen!
Stimmt's?!
Äh, also ich hatte superviel Spaß.
Genau!
Und ich hab ein Exklusivinterview mit Misaki-kun an Land gezogen. Hat sich also voll gelohnt!
...
Danke, dass du fotografiert hast, Ayumi-chan!
Gerne, gerne!
Sind super Fotos bei rumgekommen!!
Vielleicht sollte ich Sammelbilder von den heißen Boys drucken lassen und an die Mädels verkaufen ...
Dann wird der Zaster nur so fließen und die Redaktion nie mehr über Geldsorgen klagen ...
Mein geheimer Plan ...!
Zeig mal her.
Oh, sind echt super.
KLICK
KLICK
Findest du?!
Na ja, ich hab mich ja auch voll reingehängt!!
KLICK
Ah!
Ups, bin verrutscht.

Uwaaaaaah!
Alles gelöscht
Sorry.
Hab mich ver-klickt.
Du hast ...
... kein Herz!
Weiß von nichts
Das war doch-Ab-sicht!
Da waren alle meine Exklu-sivmeldungen drauf!
Hey!
POMM
POMM
POMM
Okay, Leute!
Ab nach Hause!

Kai.
Ist was?
Du seufzt so laut.
Es ist nichts ...

Machst du dir in Geister-häusern immer noch ins Hemd?
Oder hast du wieder was ver-kackt?
?!
Nein!
Mach ich nicht!
Aber ver-kackt hab ich was, ja.
?
Also nicht direkt!!
Es ist nur ...
Wie soll ich das sa-gen ...

Wenn du so weit bist ...
... und darüber reden willst, hör ich dir zu.
Auch wenn du unsicher sein solltest ...
... hab ich ein offenes Ohr für dich.
Okay ...
Danke ...
Danke ...
Eigentlich ...

... sollte ich doch schon genug Erfahrungen mit der Liebe gemacht haben.

Aber bisher wusste ich immer, was ich selbst wollte ...

... und war mir immer der Bedeutung dieses Wortes bewusst.

... mit der Frage, was es heißt, jemanden wirklich zu lieben.

Gratulation zum 2. Band von *Hatsu * Haru – Wirbelwind der Gefühle!*

Es ist beruhigend zu sehen, dass die gesamte Ichinose-Clique (inoffizieller Titel) ein gutes Herz hat. **
Gib alles, Kai! Ich drück dir die Daumen! **

Yupon

Seht mal, was ich für niedliche Illustrationen bekommen habe! Sie stammen von Yupon, die für ihre Chimi*-Charaktere bekannt ist! Jetzt sind auch Kai und seine Freunde verchimit! Juchhu!

Ich bin schon seit Ewigkeiten ein Riesenfan von Yupons Chimi-Charas und hab dementsprechend Massen an Merch angesammelt. Auch meine Automatenfiguren, von denen ich euch auf der Bonusseite in Band 1 erzählt habe, sind zum Großteil Chimis. Ihr könnt euch also meine Freude vorstellen, dass nun auch meine eigenen Figuren zu Chimis verarbeitet wurden! Yeah!! ♪♪ Und dann zeigen sie auch noch jeder auf seine Art eine 2, um auf den zweiten Band hinzuweisen. Wirklich toll, wie durch ihre Posen der individuelle Charakter der Figuren herausgestellt wird!!

Vielen Dank, liebe Yupon!!!!

Oh Chimi-Gott! Ich werde dir auch in Zukunft noch mit dem Innenleben meines Portemonnaies huldigen!!

*Die Künstlerin Yupon ist für ihre besonderen Chibi-Darstellungen bekannt, die sie »Chimis« nennt.

Kapitel 8

Hatsu Haru

Wirbelwind der Gefühle

...
Was bedeutet es eigentlich, jemanden zu lieben?
...
...
Ohne eine Antwort auf diese Frage zu wissen ...
... sind meine Gefühle immer stärker geworden.
Kais Kuppelclique (3)
Tora
Kai ist ja nur noch am Seufzen ...
16:45
Mikki
Ist zwischen ihm und Takanashi irgendwas vorgefallen?
16:45
Takanashi irgendwas vorgefallen?
16:45
Tora
Ah!
16:46
Tora
Mist!
16:46
Mikki
Was ist los?!
16:46

Kais Kuppelclique (3)

Tora

Kai hat im Wörterbuch grade »Liebe« nachgeschlagen.

16:47

Tora

16:47

Mikki

Uwaaaaaah!!!!

16:48

ZUMM

Ich brauch 'ne Pause!

Was? Schon?

Wir haben doch grade erst angefangen.

Ich nehm mir was von dem Gerstentee.

SST

Willst du Chips, Kai?

Die Sorte ist echt lecker!

Ich hab Schokolade dabei! Willst du?

Hallo zusammen.
?!
Suwa ...!
Und Takanashi?!
Warum ...
Sato... Äh, Suwa-sensei hatte sich verlaufen, da hab ich ihm den Weg gezeigt.
Ich bin mit deinen Eltern zu einem Gespräch verabredet.
Aber war der Termin nicht morgen?
Was?
Meine Eltern sind gar nicht da.

Uwah! Du hast recht!
Der Termin ist morgen!
Sato... Suwa-sensei!!!
Wie kann denn so was passieren?!
...
Tut mir leid, Ichinose-kun.
Dann komme ich morgen wieder!!
Ich bin dann mal weg ...
Warten Sie doch ...
Suwa-sensei ...
Wenn Sie schon mal hier sind, können Sie auch reinkommen.
Wir haben gerade Eistee gemacht.
Du natürlich auch, Riko-chan!
»Riko-chan«?
Wirklich?
Ja klar, bitte.

KLIRR
Aha!
Ihr habt euch zum Lernen getroffen.
Fleißig, fleißig.
Na ja ...
Eigentlich schreiben wir nur bei Taka und Tora die Hausaufgaben ab.
Das überrascht mich.
Ich hätte gedacht, dass du jeden Tag nach der Schule ein neues Mädel datest.
Hä?
Ja, früher mal.
Was glaubst du, wem ich diesen braven Nachmittag zu verdanken hab?

Ichinose-kun mag auf Frauen anziehend wirken, aber er ist ehrlich und zielstrebig.
Bitte was?
Was reden Sie denn da? Es ist immer noch Ichinose.
Eher friert die Hölle zu.
Hey!
Ich meine es ernst!
Er blockt derzeit alle Annäherungsversuche von Mädchen ab, weil es jemanden gibt, den er gernhat!
Stimmt's, Ichinose-kun?!

Ah ...
T... Tut mir leid. Hätte das geheim bleiben sollen?
E...
Echt jetzt?!
Du hast 'nen Crush?
Um sie geht es
Ugh ...
Suwaaaaaaaa!!!
Tora
Woher weiß Suwa davon?
Mikki
Irgendwie unheimlich ...
...

Stimmt! In letzter Zeit seh ich dich gar nicht mehr mit Mädels zusammen.
Du hast dir also wen ausgeguckt?
Um sie geht es
Und ihr seid noch nicht zusammen?
Passt ja gar nicht zu dir.
Warum denn nicht?
Weil sie wohl in jemand anderen verliebt ist!
Er ist dieser andere
Das ist echt verzwickt. Schließlich ist Ichinose-kun ja in sie verliebt.
Um sie geht es
...
Suwa ...
Hey!
Hast du ihr schon deine Liebe gestanden?
Um sie geht es
Nein ...
Noch nicht ...
Auf so was achtest du doch sonst nicht und machst Nägel mit Köpfen.
Was ist denn nur los mit dir?
...
Wa...

Was ist das hier? Das Jüngste Gericht?
Sonst fackelst du doch nicht lange.
Jetzt reiß dich zusammen und geh auf sie zu!
Mikki
Hör auf, Takanashi!! Hör bitte auf!!
Tora
So habe ich es gehört. Der Buddha hielt sich in Sravasti auf.
Mikki
Lang hält das Kai nicht mehr aus ...!!
...
D...
Du willst also, dass ich mit ihr Klartext rede ...?

Genau!
Ich muss dir doch dazu nicht die Erlaubnis geben.
Gib alles, Ichinose-kun!
?
Uwaaaaaaah!
Ich ertrag das nicht mehr länger! Es reicht!
TAPP
TAPP
TAPP
Ich glaub, ich muss nach Hause!
Nanu?
Ihr alle hier?
Wir sind schon weg, Frau Ichinose.
Wiedersehen.
?
Kai.
Willst du dich nicht von deinen Freunden verabschieden?
Huch?
TAPP
TAPP
Bitte verzeihen Sie. Ich heiße Suwa und bin Kais Vertretungsklassenlehrer.
Ah ...
Ach ja, Suwa-sensei. Hatten wir nicht morgen ein Gespräch ...?

Ja, ich habe mich wohl geringfügig im Datum geirrt.
Ich komme dann morgen wieder.
Ach, so ist das.
Wenn Sie schon mal da sind, können wir doch auch jetzt reden.
Sie brauchen doch nicht extra morgen noch mal zu kommen.
Ah ...
Hallo.
Hach, was für eine süße Freundin du hast, Kai.
Waaah! Das siehst du falsch!
Ich bin nur Kais Klassenkameradin! Ich heiße Takanashi!!
Doch nicht etwa Riko Takanashi?
Den Namen hört man nicht oft, da habe ich ihn mir gemerkt.
Ihr wart doch zusammen in der Grundschule, oder?
D... Doch.
Wie groß du geworden bist.
Ach, echt?
Für mich sieht die immer noch wie ein Zwerg aus.
GRRRR
Gleiche Größe wie in zu Grundschulzeiten.

Also ich muss dann auch los.
Ich habe Suwa-sensei ja eigentlich nur den Weg gezeigt.
Bleib doch noch ein bisschen. Ich habe Kuchen mitgebracht.
Den hat mir unsere Nachbarin geschenkt.
Ist selbst gebacken.
Aber Riko-chan ...
Äh ...
Aber ...
Wirklich? Selbstgemachter Kuchen?!
Kuchen!!
...
Satoshi ...

Oh Mann, das war eine knappe Kiste.
Ich stand kurz vorm Herzinfarkt ...
Armer Kai. Jetzt fühl ich mich schlecht, dass wir abgehauen sind.
Ob es ihm gutgeht?
VRRRMMM
KRAH
KRAH
Leute ...
Wir sollten uns da echt nicht zu sehr einmischen.
Ja, aber Takanashis Unwissenheit wird echt gefährlich.
Hm ... Ja ...
... aber was mich noch viel mehr beschäftigt ...

Hat Riko-chan jemanden, in den sie verliebt ist?
»Weil sie wohl in jemand anderen verliebt ist!«
...
So kann man das jedenfalls verstehen.
...
Aber warum wusste Suwa-sensei davon?
?
Hey, lass gut sein.
Wir haben für heute schon genug getan.
...
Hach ...
PLING

Eine Nachricht von Oshima.
»Wollen wir vielleicht am Samstag ins Kino?« ...
... fragt sie.
Schreib ihr ...
»Na klar«!
Nice, Mikki.
Jetzt hast du deine erste Freundin am Start.
Dass es gerade bei dir klappt ...
Ja ...
Sorry, Kai ...
BATAMM
Da bin ich wieder!
Ach herrje, ist es schon so spät?

Verzeihung! Ich wollte Ihnen nicht so lange zur Last fallen.
Ach was. Schließlich habe ich Sie ja beschwatzt.
Gehen wir, Riko-chan.
TAPP
TAPP
Hallo! Da sind wir!
Oma! Kai-kun!
?!
Hallöchen.
Wie? Ihr seid alle gleichzeitig gekommen?

Oh, wir haben Gäste?
Das ist Kais Vertretungslehrer und seine Klassenkameradin Riko.
Guten Abend!
Und Sie wollen schon gehen?
Bleiben Sie doch noch zum Essen!
Jetzt, wo es schon so spät ist.
Alter!!!
Wirklich?! Ist das echt okay?!
Satoshi!!!
Ha ha ha!
Ja, sicher. Die junge Dame darf natürlich auch bleiben.
A... Aber ...
Nur keine falsche Bescheidenheit. Keine Sorge.
Wir haben genug für alle. Da machen ein, zwei Münder mehr auch nichts aus.
Ein Gast!
Oder haben deine Eltern schon Essen vorbereitet?
...
Nein.
Das nicht ... aber ...

Okay, dann wär das ja ent-schieden.
Ich geh mich mal umziehen.
Vielen Dank!
Ach ja.
Die hab ich von einem Kol-legen be-kommen.
Das sind ja prächti-ge Äpfel!
Die sind echt nicht mehr zu retten.
Warum muss denn jeder gleich zum Essen bleiben?
...
Was ist?
Ni... Nichts!
...

Hach ...

*jap. für »Bonito-Thunfisch«

**Bedeutung der jap. Namen der Personen von rechts nach links: Meer, Koralle, Flut, Strand

Du stehst doch wohl nicht auf Kai?
?!
Lass das mal lieber.
Der Schürzenjäger tut dir nicht gut.
Das weiß ich selbst!!
Hey ...
Aber so ist es nicht!
Dann ist gut.
TAPS TAPS
!
Wie alt bist du?
Gehst du auf die Grundschule?
Äh ...
Muha ha ha!
Größentechnisch könnte das schon hinkommen.

I... Ich geh auf die Highschool.
SCHWITZ
SCHWITZ
Äh ... So wie Kai-kun?
Aber du bist so klein ...
PRUST
Komm schon.
Mach dich mal locker!
Du wirkst voll angespannt.
Ha...
Halt die Klappe!
Riko-chan hat nun mal fast keinen Kontakt zu kleinen Kids. Da weiß sie halt nicht, wie sie sich verhalten soll.
HICKS
Echt jetzt?
Gut zu wissen, dass also auch du Schwächen hast!
Ich würde es jetzt nicht eine Schwäche nennen ...

Hier!
Hey!
ZUCK
ZUCK
Hör auf!
Was machst du da mit deinem Neffen?
BAUMEL
BAUMEL
I... Ich geh mal kurz auf Toilette.
TAPP
TAPP
TAPP
TAPP
Schisser! Jetzt läufst du schon weg!
Irgendwie ist sie heute ganz komisch drauf.
HICKS
Bin ich müde ...
...
Ich glaube, sie weiß ein-fach nicht, wie sie damit umgehen soll ...
Hm?
We-gen der Kids?
Na ja, ich mei-ne ...

Na, du weißt schon ...
Dieser Trubel des Familienlebens ist einfach zu viel für sie.
Hey, ab in die Badewanne mit dir.
Nein! Später!
Ah?
Ach, herrje.
Äh ...
Riko-chan ist ein Einzelkind.
Ihre Mutter ist alleinerziehend und wegen der Arbeit oft nicht da.
Es mag vielleicht anmaßend klingen ...
... aber ich glaube, Akemi und ich sind so etwas ...
... wie ihre Ersatzfamilie.
Aber wir reichen ihr nicht.

Ich glaube, sie sehnt sich nach so einer Familie, wie du sie hast.
Dass sie sich einsam fühlt ...
... würde ihr jedoch nie über die Lippen kommen.
Da-rum ...
... wün-sche ich mir für sie ...
... dass sie schnell erwachsen wird ...
... einen Partner fürs Leben findet und eine große Familie hat.
Damit sie nicht mehr so einsam ist.
Wie bescheuert bist du ei-gentlich?

Du bist es, den Takanashi liebt!
Und ganz bestimmt bist du der Partner, den sie sich für ihr Leben wünscht.
Andererseits ...
... wünscht sie sich natürlich auch eine glückliche Zukunft für dich und Akemi.
Da liegst du falsch.
Äh?

Es ist nicht so, dass ihr für Takanashi ungenügend seid.
Du und Akemi, ihr seid ihre Familie. Ihr seid ihr wichtig. Da bin ich mir sicher!
Wenn du meinst ...
Ha ha ... Danke, Ichinose-kun.
Dafür nicht ...
KLANG
?!
Hey!
Was ist?

DÖÖÖS
か
Der hat ja Nerven ...!!
Und ich dachte schon, der nibbelt mir hier ab.
Ah!
ZZZ
Ist Satoshi eingeschlafen?
Jupp ...
Warum musste er auch so viel trinken? Er verträgt doch nichts.
Sollen wir ihn vielleicht hinlegen?
Er wacht bestimmt gleich wieder auf.
ZZZ
Sorry. Sobald er wach ist, hauen wir ab.
Schon okay.

RASCHEL
...
Danke ...
... für das Es-sen.
Gerne.
Und sorry, dass dich meine Eltern so überrum-pelt haben.
Ober-peinlich ...
Aha ha!
Ich war nur über-rascht.

Das Essen war lecker und deine Familie ist echt lustig.
Na, dann ist gut.
Niedlich. Ihr Lächeln.
Weißt du ...
Auch wenn du nicht so aussiehst ...
... glaube ich, dass du mal einen guten Papa abgibst.
Hä?

Ist mir so durch den Kopf gegangen, als ich dich heut beobachtet hab.
Hör mal.
Glaubst du, ein Junge in meinem Alter freut sich, wenn man ihm so was sagt?
Natürlich nicht!
Ich wünsch dir viel Glück ...
... mit deinem Crush.
Wa...
DODOMM
Was soll das auf einmal?
Dass jemand wie du plötzlich so zögerlich ist ...
Du musst sie wirklich lieben, was?

Na ja ...
Dann gib es doch einfach zu!
Geht ihr schon miteinander?
Du und sie ...
Nein.
Dann musst du was daran ändern!
Du darfst deine Gefühle nicht verstecken!
Oh Mann ...
Du peilst wirklich gar nichts, was?
...

Ich weiß nicht, wie ...
Was?
Wie ich es machen soll.
Sie wünscht sich, dass der Mann, den sie liebt, glücklich wird.
Und stellt sein Glück über ihre eigenen Gefühle.
Wenn ...
... sich in jemanden zu verlieben, bedeutet ...
... sich selbst zurückzunehmen und die Gefühle des anderen über alles in der Welt zu stellen ...
... dann kann ich da wohl nichts tun.

Ähm ...
Ich bin leider nicht sie und kann mich nicht in ihre Gefühle hineinversetzen.
Doch, das bist du!
Verdammt noch mal ...
Aber, wenn ich es wäre und du würdest so über mich denken ...
... dann würdest du mich sicher sehr glücklich machen.

Takanashi ...

Wenn du mir so was sagst ...

Warum ich?
Mist!
Das kann doch Sango machen!
Mama nimmt ein Bad.
Und ich bin am Spülen.
Hier! Pass mit dem Messer auf.
Ihr solltet auch in der Badewanne stecken!
Ich bade später mit dir.
Klare Ansage
Warum bestimmst du das jetzt?!
Kai! Mach deinen Trick!!
Ja, nerv nicht rum!
Echt mal ...
RATSCH
Waaah!
Oh, ein Apfel ...
HICKS
Satoshi?

Du kannst mit einem Küchenmesser umgehen, Ichinose-kun?
Hä?
Ja klar. Unterschätz mich mal nicht.
Wow!
Ich hab nämlich echt zwei linke Hände.

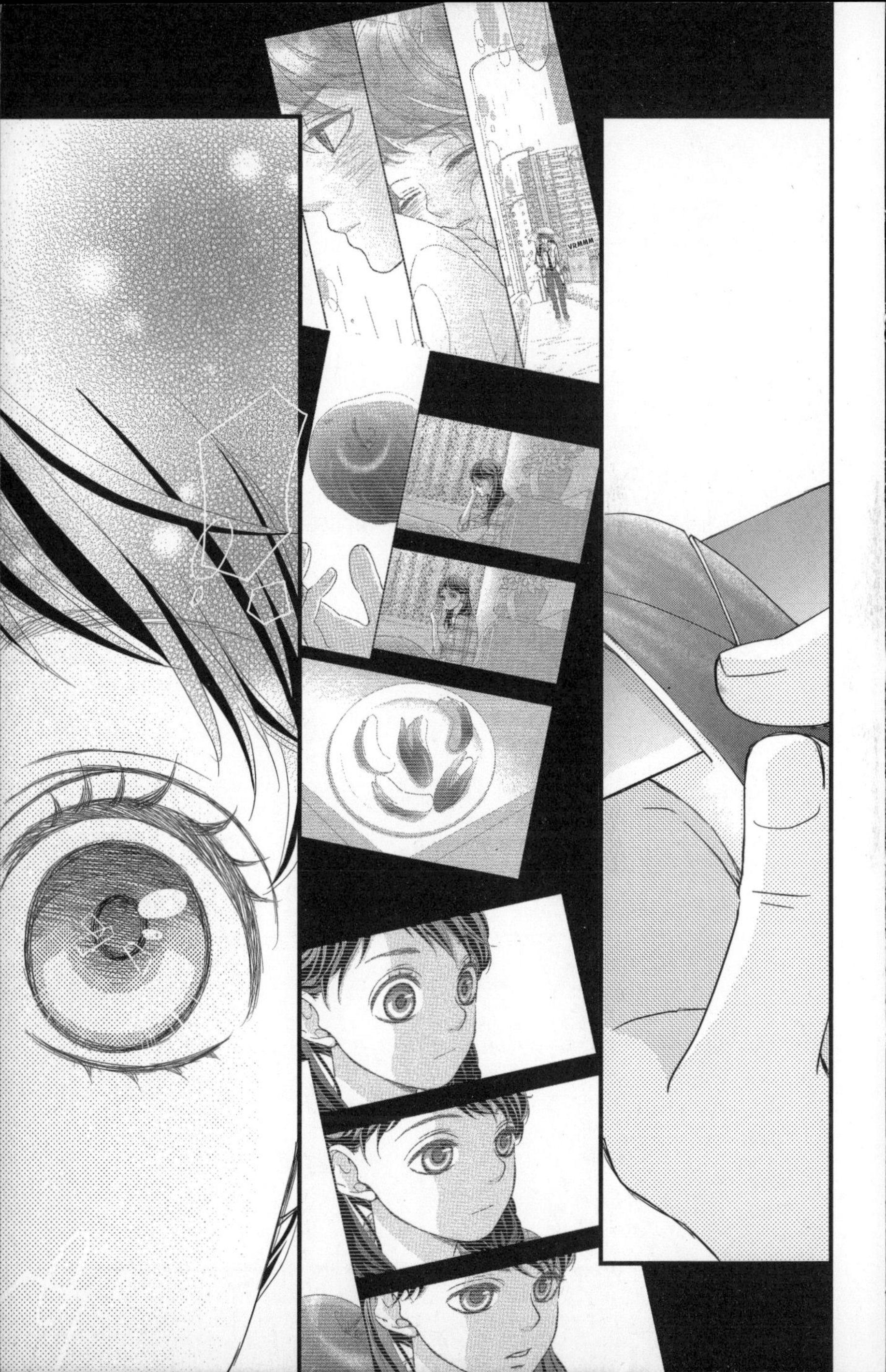
VRMMM

So, fertig!!
Juchhu, ein Hase!
Oh, wow! Wie hast du das denn gemacht?
Du wirst bestimmt mal einen guten Hausmann abgeben, Ichinose-kun!
Erst »Papa« und jetzt auch noch »Hausmann« ...
Hört einfach auf damit.
Hä?

Du bist viel besser geworden, Kai-kun.
Vorher war es voll schief und krumm.
Du wirst ein Hausmann!
...
Verstehst du das überhaupt?
Hier.
Ein Schnitz für dich.
Hm?
Ist was?

Ach, nichts ...
Danke für den Apfel ...
?
Fortsetzung folgt

Aus dem Tagebuch einer Dilettantin

Hallöchen, da bin ich wieder. Geht's euch gut?

Wenn ihr meine Bonusseiten kennt, wisst ihr wahrscheinlich schon, wie der Hase läuft.

Ich bin dauerschläfrig!

Ich schlafe eigentlich immer aus, doch in letzter Zeit läuft es aus dem Ruder.

Warum muss es unter meiner Decke denn auch so abartig gemütlich sein?

Hapüüü

Hapüüü

Früher hatte ich ja noch ein paar Schuldgefühle, wenn ich erst nachmittags aufgestanden bin.

Wie doof bist du eigentlich, deine Zeit so zu verschwenden?!

So hab ich mich dann selbst kritisiert ...

Aber jetzt bin ich einfach nur glücklich.

Ich will mich für immer in meine Decke einwickeln ...!

Decke

Das Paradies

Doch Glück hin oder her ...

... im Schlaf geht meine Arbeit natürlich nicht voran.

Und es kommt, wie es kommen muss. So sieht es vor meiner Abgabefrist aus:

Wegen Deadline-Druck kann ich nicht mehr zeichnen!

Derzeit habe ich zwei fortlaufende Serien, sodass ich alle zwei Monate mehr als hundert Seiten im Monat zeichnen muss.

Und die Leute in meinem Umfeld helfen mir dabei, mein Bestes zu geben.

Vielen Dank an meine Assistentin und alle Verantwortlichen im Verlag!

Tiefe Verbeugung →

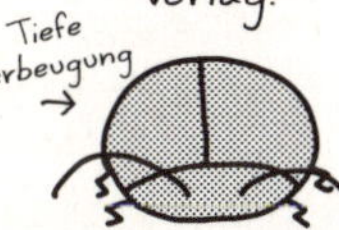

Wenn ich die hundert Seiten im Monat knacke, klopft mein Herz wie verrückt, aber irgendwie schaffe ich es dann doch ...

Vielleicht ist es einfach die Selbstdisziplin, mir zu sagen, dass ich hundert Seiten schaffen muss und dann kann ich auch strikt mein Tagespensum abarbeiten.
Weil 45 Seiten offensichtlich nach weniger aussieht, nehme ich es erstmal auf die leichte Schulter, nach dem Motto >>wird schon werden<<. Mit dem Ergebnis, dass ich nach der Abgabe total fertig bin ... Leider wiederholt sich dieses Muster ständig.
KRTZ
KRTZ
Es ist schon seltsam, aber in Monaten mit 100 Seiten macht mir die Abgabefrist weniger zu schaffen als in solchen mit 45.
Mit anderen Worten:
Ich will zu jemandem werden, der nicht mehr den ganzen Tag schläft ...
... und diszipliniert seine Arbeit erledigt!
So sieht's aus!
Wie kann ich das nur erreichen?
Bitte bleibt mir trotz meiner ganzen Mängel treu.
Postadresse für Nachrichten und Briefe:
Shizuki Fujisawa
Redaktion *Betsucomi*
Shogakukan
2-3-1 Hitotsubashi
Chiyoda-ku, 101-8001 Tokyo
Twitter-ID: @shizukifujisawa
Blog: >>Tagebuch von Shizu<<
http://ameblo.jp/nikki123123/
Dank an: Roku-san, Adacchan, Asamin, Kanchi, Mae-chan, Eda-chan und meine Familie

Kommentar von Shizuki Fujisawa

Weil es im Winter früher dunkel wird, versuche ich, früher ins Bett zu gehen, damit ich auch früher aufstehen kann. Solange es nicht stockduster ist, wenn ich aufwache ...*

*Anm. d. Red.: In Band 1 verrät Fujisawa-sensei, dass sie eine Langschläferin ist und etwa 12 Stunden schläft. Sie versucht wahrscheinlich, auf diese Weise möglichst viel Tageslicht genießen zu können.

TOKYOPOP GmbH
Hamburg

TOKYOPOP
1. Auflage, 2021
Deutsche Ausgabe/German Edition

Aus dem Japanischen von Jan-Christoph Müller

HATSU * HARU Vol. 2 by Shizuki FUJISAWA

Original Japanese edition published by SHOGAKUKAN.
German translation rights arranged with SHOGAKUKAN through The Kashima Agency.
Original cover design: Ryuichi FUJITA (R.1.D)

Redaktion: Lisa Duty
Lettering: Vibrant Publishing Studio
Herstellung: Alina Kronenberg
Druck und buchbinderische Verarbeitung:
CPI–Clausen & Bosse GmbH, Leck
Printed in Germany

Wir achten auf die Umwelt.
Dieses Produkt besteht aus FSC®-zertifizierten und anderen kontrollierten Materialien.

ISBN 978-3-8420-7008-0

www.tokyopop.de